TU PASAPORTE A
ITALIA

de Nancy Dickmann

CONSULTORA DE CONTENIDO

Profesora Abigail Brundin
Facultad de Lenguas y Lingüística Modernas y Medievales
Universidad de Cambridge, Reino Unido

CAPSTONE PRESS
a capstone imprint

Publicado por Capstone Press, una impresión de Capstone
1710 Roe Crest Drive, North Mankato, Minnesota 56003
capstonepub.com

Los datos de catalogación previos a la publicación se encuentran disponibles en el sitio web de la Biblioteca del Congreso.
ISBN: 9798875235771 (tapa dura)
ISBN: 9798875235726 (tapa blanda)
ISBN: 9798875235733 (PDF libro electrónico)

Resumen: ¿Cómo es visitar o vivir en Italia? ¿Qué hace que la cultura de Italia sea única? Explora la geografía, las tradiciones y la vida cotidiana de los italianos.

Créditos fotográficos
Capstone: Eric Gohl, 5; Getty Images: Shaun Botterill, 26; iStockphoto: Arghman, 18; Library of Congress: Prints and Photographs Division, 11; Shutterstock: Alexanderstock23, 24, Boris Stroujko, 13, DARRAY, 23, Davide Trolli, 9, gorillaimages, 29, kavram, 8, M. Rohana, 25, MikeDotta, 19, muratart, cover, Natursports, 15, StevanZZ, 7, Yaroslav Magistr, 16, YuliiaHolovchenko, 21

Elementos de diseño
iStockphoto: Yevhenii Dubinko; Shutterstock: Filip Bjorkman, flipser, MicroOne, pingebat, sevenmoonlight

Créditos editoriales
Editora: Clare Lewis; Diseñadora: Juliette Peters, Investigación de medios: Tracy Cummins, Especialista en producción:: Whitney Schaefer

Printed and bound in China. PO 006276

CONTENIDO

Las palabras en **negrita** están en el glosario.

CAPÍTULO UNO

¡BIENVENIDOS A ITALIA!

Un antiguo estadio de piedra se encuentra en medio de una ciudad moderna y bulliciosa. Este es el Coliseo. Fue construido por los antiguos romanos. Albergó juegos de **gladiadores** hace casi 2000 años. Más de 7 millones de turistas todavía lo visitan cada año.

Italia tiene muchos sitios históricos. El Coliseo es solo uno de ellos. Muchos son de la época del **Imperio** Romano. Este imperio alguna vez incluyó partes de tres continentes. Hoy, Italia es el décimo país más grande de Europa. El paisaje de Italia tiene muchas características naturales hermosas. Incluyen montañas, playas y colinas onduladas. Sus agitadas ciudades son una mezcla de lo antiguo y lo nuevo. Italia es famosa en todo el mundo por su comida y su moda.

MAPA DE ITALIA

Mont Blanc

Venice

Génova

Pisa

Siena

ITALIA

ROMA

Foro Romano · Coliseo

Nápoles
Vesubio
Pompeya

Costa Amalfitana

Estrómboli

Etna

■ Ciudad Capital
● Ciudad
⬡ Forma de relieve
△ Puntos de referencia
▮ Montañas de los Alpes

Explora las ciudades y los lugares de interés de Italia.

CIFRAS Y DATOS

NOMBRE OFICIAL: REPÚBLICA ITALIANA
POBLACIÓN: 62.402. 659
SUPERFICIE: 113.568 MILLAS CUADRADAS (294.140 KILÓMETROS CUADRADOS)
CAPITAL: ROMA
MONEDA: EURO
GOBIERNO: REPÚBLICA PARLAMENTARIA
IDIOMA: ITALIANO
GEOGRAFÍA:
La Italia continental es una península que se extiende hasta el centro del mar Mediterráneo. Su extremo norte limita con Francia, Suiza, Austria y Eslovenia. Las grandes islas de Cerdeña y Sicilia forman parte de Italia.
RECURSOS NATURALES:
Los recursos de Italia incluyen carbón, mercurio, piedra pómez, gas natural, petróleo crudo y pescado.

ENCRUCIJADA DEL MUNDO

La **península** italiana está rodeada por el mar Mediterráneo. Tiene una extensa costa. Durante muchos siglos, los barcos han visitado sus puertos. Los puertos son ciudades portuarias en la costa. Entre ellas se encuentran las ciudades de Génova y Nápoles. Los comerciantes venían de todo el mundo. Compraban y vendían productos como seda y especias.

El Coliseo fue inaugurado oficialmente por el emperador Tito en el año 80 d. C.

Los barcos también traían gente e ideas a Italia. Era conocida como un centro para la ciencia y las artes. ¡Y todavía lo es hoy! Gente de muchos países ahora considera que Italia es su hogar. Muchos italianos también se han establecido en otros países. Han difundido su cultura.

CAPÍTULO DOS

LA HISTORIA DE ITALIA

Hace mucho tiempo, muchas tribus pequeñas vivían en Italia. En el siglo VII a. C., un grupo llamado los romanos comenzó a tomar el poder. Derrotaron a las tribus vecinas. Luego se apoderaron de su tierra.

Los romanos tenían un ejército poderoso. Conquistaron tierras fuera de Italia. En el año 117 d. C., gobernaban una enorme zona. Los romanos construyeron carreteras, puentes y edificios. Muchos de ellos siguen en pie hoy en día.

El Pont du Gard en Francia fue construido por los romanos después de haber conquistado Francia.

Miguel Ángel fue uno de los artistas más famosos del Renacimiento. Él talló esta escultura.

EL RENACIMIENTO

El Imperio romano terminó en el año 476 d. C. Hacia el año 1000 d. C., Italia estaba dividida en **ciudades-estado**. Estas tenían una ciudad principal que gobernaba el área que la rodeaba. Cada ciudad-estado era **independiente**.

En el siglo XIV, comenzó un período llamado el Renacimiento. Comenzó en Italia. Pronto se extendió al resto de Europa. Fue una época de grandes pensadores. Hicieron descubrimientos científicos. Escribieron poesía. Crearon pinturas y esculturas.

UN PAÍS UNIDO

Después del Renacimiento, España gobernó la mayor parte de Italia. Luego Francia tomó el control. Pero los italianos querían gobernarse a sí mismos. Algunas personas querían que las regiones de Italia se unieran. Las luchas comenzaron en 1848. En 1871, Italia estaba unida. Se convirtió en un país independiente.

GUERRA Y PAZ

En la Segunda Guerra Mundial, Italia unió fuerzas con Alemania. Pero tuvieron que rendirse a los **Aliados** en 1943. Después de la guerra, el pueblo italiano votó para convertirse en una **república**. Ya no tendrían rey.

En 1958, Italia se unió a otros cinco países para formar la Comunidad Económica Europea. Querían trabajar juntos. Otros países se unieron al grupo y se convirtió en la **Unión Europea** en 1993.

HECHO

¡Hoy en día, hay 27 países en la Unión Europea!

CRONOLOGÍA DE LA HISTORIA ITALIANA

ALREDEDOR DEL 753 A. C.: Comienza el reino de Roma.

117 D. C.: El Imperio romano alcanza su máximo tamaño.

476: Roma es conquistada y el Imperio romano termina.

1550S: España ahora gobierna la mayor parte de Italia.

1796: Las tropas francesas invaden Italia y toman el poder.

1861: Se proclama el Reino de Italia, aunque no incluye a Roma ni a Venecia.

1871: Toda Italia se unifica en un solo país.

1940: Italia participa en la Segunda Guerra Mundial del lado de Alemania.

1943: Italia se rinde ante los Aliados.

1946: El pueblo italiano vota para formar una república, sin rey.

1958: Italia se une a la Comunidad Económica Europea (CEE).

1993: La CEE se convierte en la Unión Europea.

Giuseppe Garibaldi fue un general que dirigió el ejército que ayudó a unificar Italia en la década de 1860.

CAPÍTULO TRES

EXPLORA ITALIA

Italia es un país popular para explorar. Más de 60 millones de personas lo visitan cada año. Vienen para ver sus lugares históricos y belleza natural. También vienen por la comida y la cultura.

HERMOSAS COSTAS

Italia está en el sur de Europa. Muchas partes de Italia son cálidas y soleadas. La gente visita las playas de arena de su extensa costa. Una de las regiones más famosas es la Costa Amalfitana. Está al sur de Nápoles. Los acantilados se elevan sobre las playas. Hay pueblos en lo alto de muchos de ellos.

LOS LAGOS ITALIANOS

En el norte de Italia hay hermosos lagos. Fueron tallados por el hielo hace miles de años. Los lagos están rodeados de playas y pueblos. También hay montañas en el extremo norte. Los transbordadores llevan a los turistas de un pueblo a otro.

Positano es uno de los pueblos más populares de la Costa Amalfitana.

HECHO

El lago de Garda es el más grande de los lagos, con 143 millas cuadradas (370 km cuadrados). Con 34 millas (54 km) de largo, el lago Maggiore es más largo, pero más estrecho.

MONTAÑAS

Los Alpes son la cadena montañosa más grande de Europa. Se extiende a través del norte de Italia y los países circundantes. Muchas de las montañas están cubiertas de nieve durante todo el año. La más alta, el Mont Blanc (Monte Bianco en italiano), se encuentra en la frontera de Italia con Francia. La gente viene a los Alpes para esquiar y hacer snowboard. Entre los picos escarpados se extienden prados y lagos.

VOLCANES

Italia tiene varios **volcanes**. El más famoso es probablemente el Vesubio. Se alza sobre la ciudad de Nápoles. Su última erupción fue en 1944. Hoy en día, los visitantes pueden caminar hasta la cima. El monte Etna, en Sicilia, entra en erupción con más frecuencia. Lo mismo ocurre con el Estrómboli. Esta pequeña isla arroja lava casi constantemente.

HECHO

Los Alpes italianos son el hogar de animales como la gamuza, que es un tipo de cabra montés. Las gamuzas son buenas trepadoras. También hay marmotas, que están relacionadas con las marmotas de América. Cavan madrigueras en los prados alpinos. Los visitantes también pueden ver lobos u osos pardos.

Las sorprendentes erupciones nocturnas de Estrómboli le han dado el apodo de "el faro del Mediterráneo".

Muchos turistas dan un paseo en góndola para contemplar los hermosos edificios de Venecia.

CIUDADES FASCINANTES

Las ciudades de Italia tienen una larga historia. Tienen hermosos edificios y sitios antiguos. Roma es la capital de Italia. También es una de las ciudades más populares para visitar. Los turistas vienen a ver el Foro. Era la plaza principal de la ciudad antigua. Las ruinas de templos y edificios públicos aún son visibles.

Roma también es una ciudad moderna. Está llena de cafés, restaurantes y tiendas. Hay arte callejero casi por todas partes. Los romanos se desplazan a toda velocidad en motonetas y motocicletas.

Venecia está en la costa, en el norte. Fue construida sobre pequeñas islas en una laguna pantanosa. En lugar de calles, hay **canales**. Los únicos vehículos son barcos. La gente camina por las calles estrechas. Hay 438 puentes que conectan las islas.

POMPEYA

Los antiguos romanos construyeron la ciudad de Pompeya. Fue destruida cuando el Vesubio entró en erupción en el año 79 d. C. La ciudad entera quedó sepultada bajo las cenizas. Los arqueólogos comenzaron a excavarla en el siglo XVIII. Las cenizas habían preservado artefactos y edificios. Pompeya nos muestra cómo eran las antiguas ciudades romanas.

CAPÍTULO CUATRO

VIDA DIARIA

Más de dos tercios de los italianos viven y trabajan en ciudades. La mayoría de las grandes ciudades están en el norte. Hay pueblos y aldeas más pequeñas por toda Italia. Mucha gente en el campo trabaja en granjas. Cultivan trigo, arroz, tomates, olivas y uvas.

Muchas de las olivas de Italia se cosechan y se prensan para hacer aceite de oliva.

ESCUELA

Los niños en Italia van a la escuela por las mañanas. Hay lecciones de las 8:00 a.m. hasta la 1:00 p.m. Luego los niños se van a casa para almorzar. Es posible que en algunos días se queden en la escuela para las clases de la tarde. Algunas escuelas no abren por las tardes. Estas escuelas tienen clases los sábados por la mañana.

SALIDAS

Por la noche, la gente suele salir a dar un paseo. Se reúnen con amigos y familiares antes de cenar. Luego caminan juntos por las calles. ¡Es un momento para ver gente y que te vean! Luego llega la hora de comer.

COMIDA Y BEBIDA

La comida es una parte importante de la cultura italiana. La gente valora las comidas caseras elaboradas con ingredientes frescos. El desayuno suele ser una comida sencilla. Los niños toman chocolate caliente con pan o pastelearía. El almuerzo es la comida principal del día. Muchos trabajadores y estudiantes se van a casa a comer.

COMIDAS FAMOSAS

Italia es conocida por su pasta. Está hecha de harina y agua y, a veces, huevos. Viene en muchas formas diferentes. Cada una tiene su propio nombre. La pasta se suele servir con salsa. Las diferentes regiones de Italia tienen sus propias salsas y platillos de pasta especiales.

La pizza es otra comida italiana famosa. Tiene una base de masa plana cubierta con varios ingredientes y condimentos. Los más tradicionales son la salsa de tomate, el queso mozzarella y la albahaca. Para un antojito dulce, a los italianos les encanta el gelato. Es un tipo de helado espeso y cremoso. Se presenta en muchos sabores diferentes.

La panzanella combina bien con otras comidas italianas o se puede comer como una comida sola.

PANZANELLA

Esta ensalada es una excelente manera de usar el pan duro. Un pan italiano llamado ciabatta funciona bien, pero también puedes usar masa madre.

Ingredientes de la panzanella:
- 1 taza de pan duro
- 2 tazas de tomates maduros
- 1 cebolla roja pequeña
- 6 cucharadas de aceite de oliva
- 2 cucharadas de vinagre de vino tinto
- sal y pimienta
- hojas de albahaca fresca

Instrucciones para preparar panzanella:
1. Corta el pan en trozos del tamaño de una nuez y colócalo en una bandeja para que se seque.
2. Corta los tomates en trozos de tamaño similar. Ponlos en un tazón y sazónalos con sal y pimienta.
3. Pela la cebolla y córtala en rodajas muy finas. Añádela al tazón con los tomates.
4. Añade el pan seco, el vinagre y el aceite de oliva al tazón y mézclalo todo con las manos.
5. Trocea las hojas de albahaca y espolvoréalas por encima.

CAPÍTULO CINCO

FESTIVIDADES Y CELEBRACIONES

Más del 80 por ciento de los italianos son católicos romanos. Muchas de sus fiestas también son católicas. La Navidad es una de las más importantes. Los italianos montan nacimientos. A veces los niños se disfrazan de pastores. Luego van cantando villancicos de casa en casa. En Nochebuena, las campanas de la iglesia suenan a medianoche.

Muchos niños reciben sus regalos el 6 de enero. La leyenda dice que estos regalos los entrega la Befana. Es una anciana que monta una escoba. Llena los calcetines con dulces y pequeños regalos.

La gente suele vestirse de la Befana. Según la leyenda, da carbón a los niños traviesos.

CARNAVAL

Las semanas previas a la Pascua son un tiempo de oración y ayuno. ¡Los italianos se preparan para esto organizando una gran fiesta de antemano! Cada ciudad tiene sus propias celebraciones.El **Carnaval** de Venecia es el más famoso. La gente viste disfraces y máscaras. Hay bailes y conciertos. En la ciudad norteña de Ivrea, los lugareños celebran el Carnaval con una guerra de comida.

FERRAGOSTO

Los italianos celebran Ferragosto el 15 de agosto. Este es el día en el que los católicos creen que la madre de Jesús, María, ascendió al cielo. Pero Ferragosto también se basa en un antiguo festival romano. Mucha gente va a la iglesia. También hay desfiles y actuaciones. Para mucha gente, es el comienzo de las vacaciones de verano.

DÍAS FESTIVOS NACIONALES

No todas las fiestas en Italia son religiosas. El 25 de abril, el país celebra el Día de la Liberación. Rinde homenaje a todos los italianos que murieron en la Segunda Guerra Mundial. El 1 de mayo es el Día de los Trabajadores. Es una oportunidad para celebrar a los trabajadores. Otro día festivo es el Festival de la República el 2 de junio. Conmemora la conversión de Italia en una república en 1946.

Una estatua de la Virgen María recorre las calles para Ferragosto.

Decenas de miles de espectadores se agolpan en la plaza principal para ver el Palio.

EL PALIO

En la ciudad de Siena, Ferragosto se celebra con una carrera de caballos llamada el Palio. Diez de los distritos de la ciudad inscriben un caballo y un jinete. Después de un desfile, los jinetes montan a pelo alrededor de la plaza del pueblo. Dan tres vueltas. La carrera termina en unos 90 segundos. El primer caballo en cruzar la línea de meta gana, ¡incluso si el jockey se ha caído!

CAPÍTULO SEIS

DEPORTES Y RECREACIÓN

El fútbol es el deporte más popular en Italia. Los italianos lo llaman calcio, que significa "patada". Grandes multitudes ven jugar a los mejores equipos profesionales. Algunos equipos, como Juventus y el AC Milan, han ganado competiciones europeas. Los italianos también apoyan a la selección nacional de su país. Han ganado la Copa Mundial cuatro veces. Solo Brasil la ha ganado más.

El equipo de fútbol italiano es conocido como los "Azzurri", que significa "los Azules".

CICLISMO Y BALONCESTO

En mayo, los italianos se alinean en las carreteras de todo el país. Han venido a ver una carrera de bicicletas. Los mejores ciclistas del mundo compiten en el Giro de Italia. Dura tres semanas. La ruta de la carrera cambia cada año. ¡Suele recorrer unas 2200 millas (3500 km)!

Mucha gente en Italia juega al baloncesto. Hay clubes y equipos amateurs. También hay una liga profesional. La selección masculina ha ganado dos veces la medalla de plata en los Juegos Olímpicos.

AUTOMOVILISMO

Italia también es famosa por el automovilismo. Ferrari es una empresa italiana. Ha construido algunos de los mejores coches de carreras del mundo. Los pilotos italianos han ganado muchas carreras. Valentino Rossi es uno de los mejores pilotos de motociclismo del mundo.

OTROS DEPORTES

La esgrima siempre ha sido popular en Italia. Su equipo nacional ha ganado más medallas olímpicas que cualquier otro país. El rugby también es popular, especialmente en el norte. Desde el año 2000, Italia ha competido en el torneo de las Seis Naciones. Se trata de una competición de rugby entre las naciones de Inglaterra, Irlanda, Escocia, Gales, Francia e Italia.

Las montañas de Italia tienen muchas estaciones de esquí. La gente va a los Alpes para pasar las vacaciones de esquí. Los mejores esquiadores compiten en carreras. Desde pistas nevadas hasta sitios antiguos, Italia tiene algo para todos.

HECHO

La esgrimista Valentina Vezzali ha ganado nueve medallas olímpicas, ¡seis de ellas de oro! Su éxito la convirtió en una celebridad en Italia. En 2013, fue elegida para el parlamento italiano.

Muchas familias italianas disfrutan esquiando juntas en los Alpes.

PIOVRA

Piovra es un juego tradicional infantil italiano. Su nombre es la palabra italiana para pulpo. Un jugador pretende ser un pulpo y atrapa a los demás con sus "tentáculos". Puedes jugar con 5 a 12 personas.

1. Elige a una persona para que sea el pulpo. Los demás deben ir todos a un extremo del campo o patio de juegos.
2. Al mismo tiempo, todos los jugadores intentan pasar corriendo al lado del pulpo y llegar al lado opuesto. El pulpo solo puede moverse de lado a lado, no hacia adelante ni hacia atrás.
3. Cualquiera que sea tocado debe quedarse quieto. Ahora quedan como pulpos bebés. Se quedan parados en un lugar y balancea sus brazos para atrapar a los corredores.
4. El juego termina cuando todos los niños han sido capturados.

GLOSARIO

Aliados (a-LIA-dos)
los países que lucharon con Gran Bretaña y los Estados Unidos en la Primera y la Segunda Guerras Mundiales

canal (ca-NAL)
un conducto artificial de agua construido para permitir que los barcos viajen por él

Carnaval (car-NA-val)
una celebración que ocurre inmediatamente antes del período de oración y ayuno conocido como Cuaresma

ciudad-estado (ciu-DAD-es-TA-do)
una ciudad y las tierras que la rodean, que son independientes y no forman parte de un país más grande

gladiador (gla-DIA-dor)
una persona de la antigua Roma que fue entrenada para luchar contra otros gladiadores o animales por entretenimiento

imperio (im-PE-rio)
una gran extensión de tierra gobernada por una sola persona o grupo

**independiente
(in-de-pen-DIEN-te)**
no gobernado por nadie más

**península
(pen-ÍN-su-la)**
una porción de tierra que
sobresale en un cuerpo
de agua

república (re-PÚB-li-ca)
un estado que es dirigido por
funcionarios electos en lugar
de por un rey o reina

**Unión Europea (u-NIÓN
eu-RO-pea)**
una organización política
de países de Europa que
trabajan juntos en el
comercio y otros asuntos

volcán (vol-CÁN)
una montaña con un cráter
en la cima, a través del cual
pueden estallar lava, gas
y ceniza

INDICE

LIBROS DE ESTA SERIE

TU PASAPORTE A EGIPTO
TU PASAPORTE A ITALIA

TU PASAPORTE A JAPÓN
TU PASAPORTE A MÉXICO